Meet Farm Animals

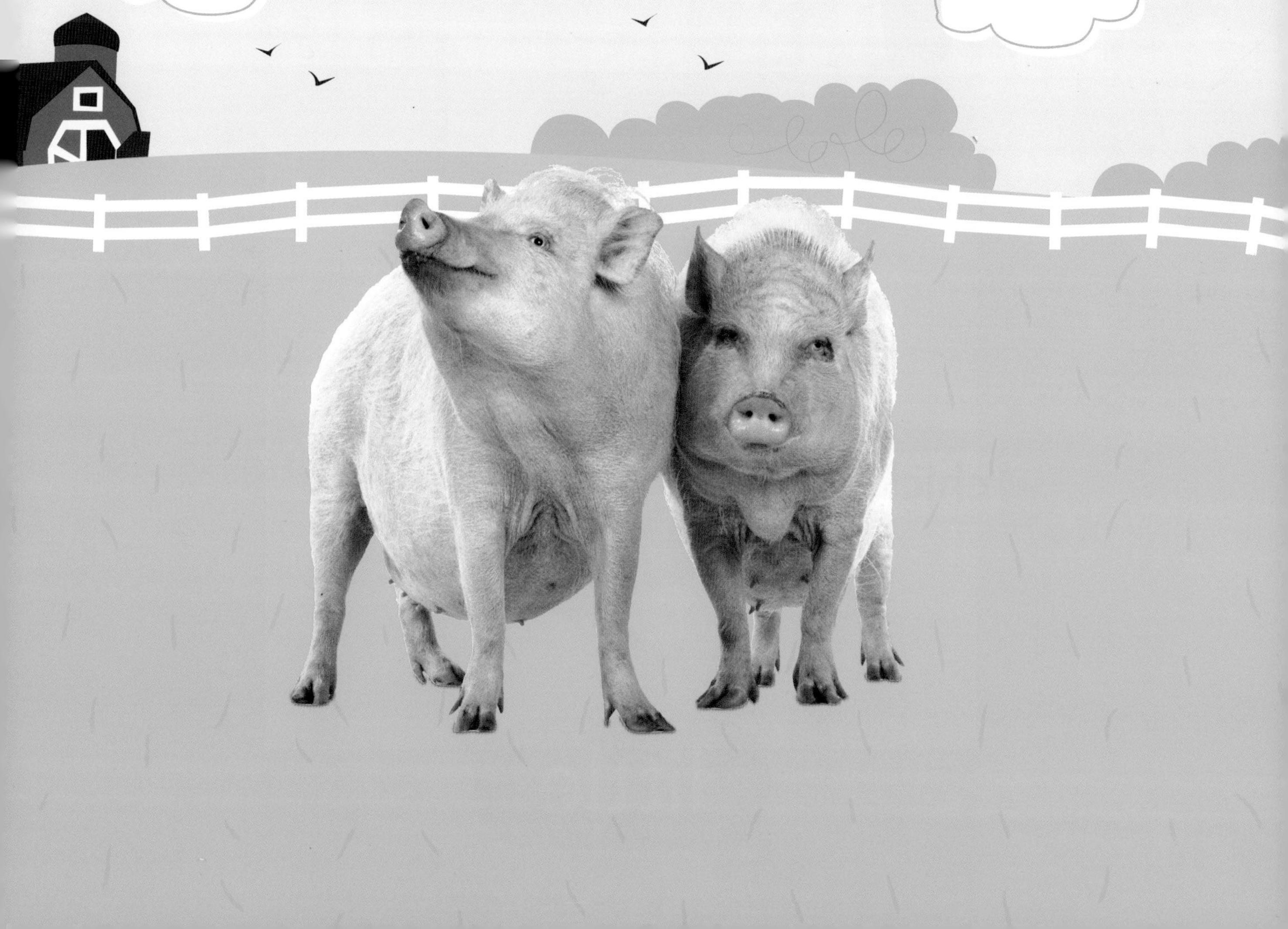

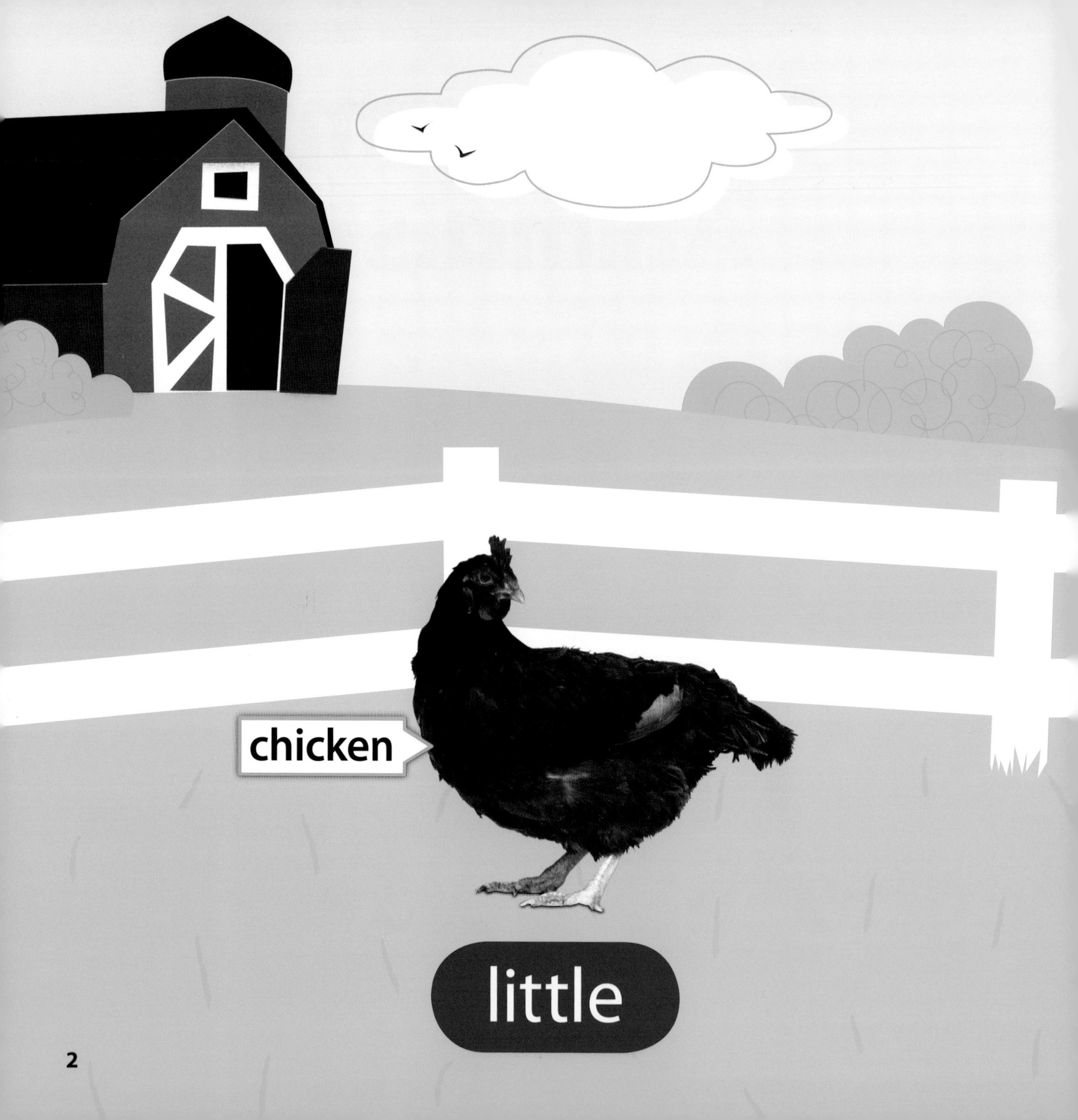

little

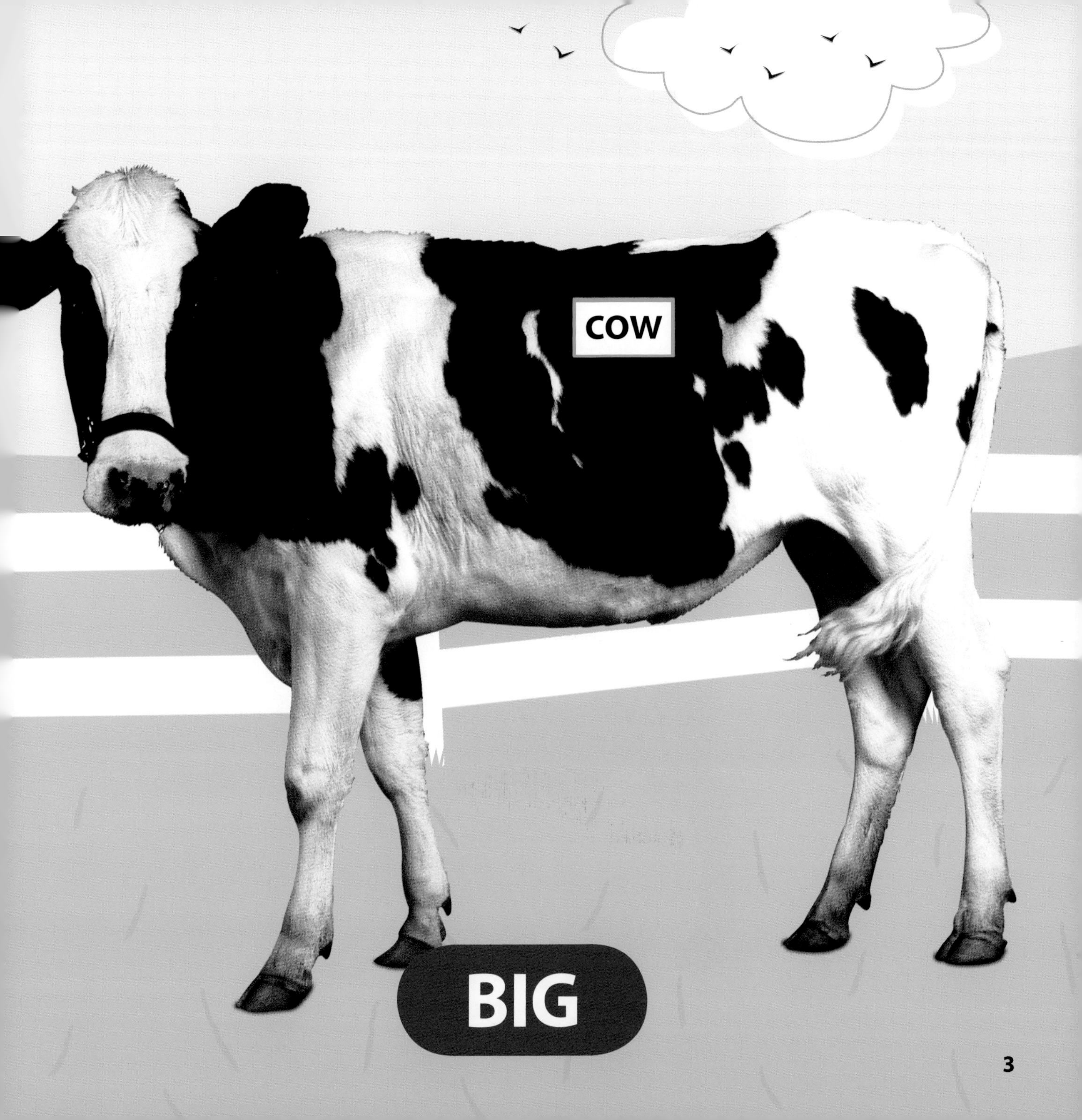

BIG

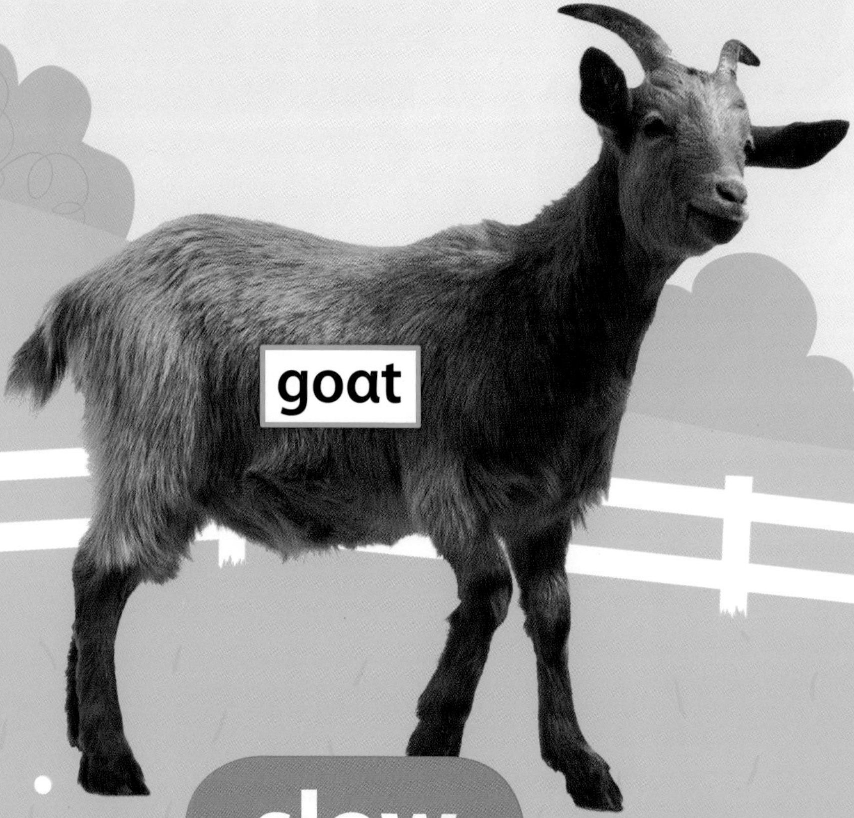

slow

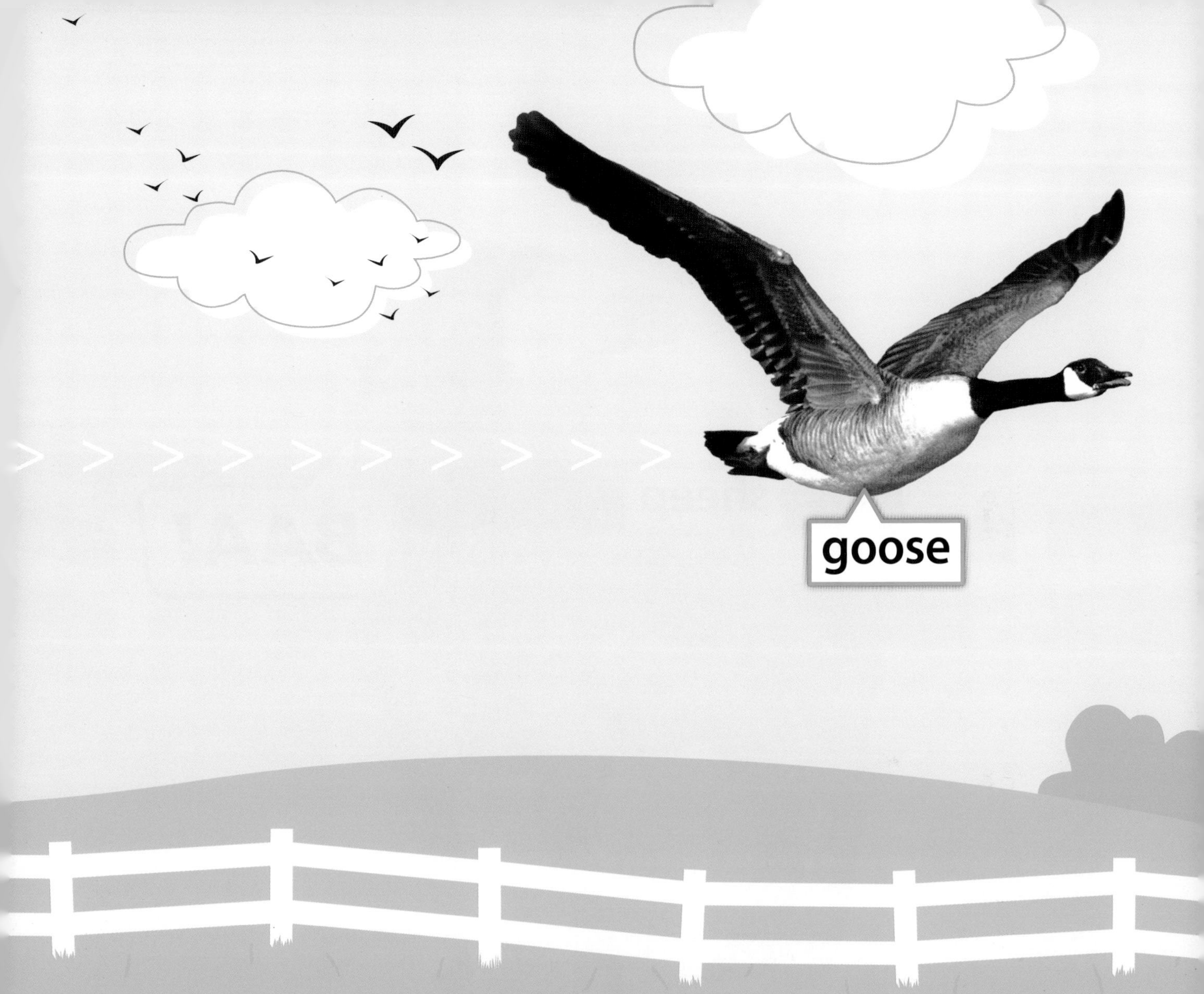

fast

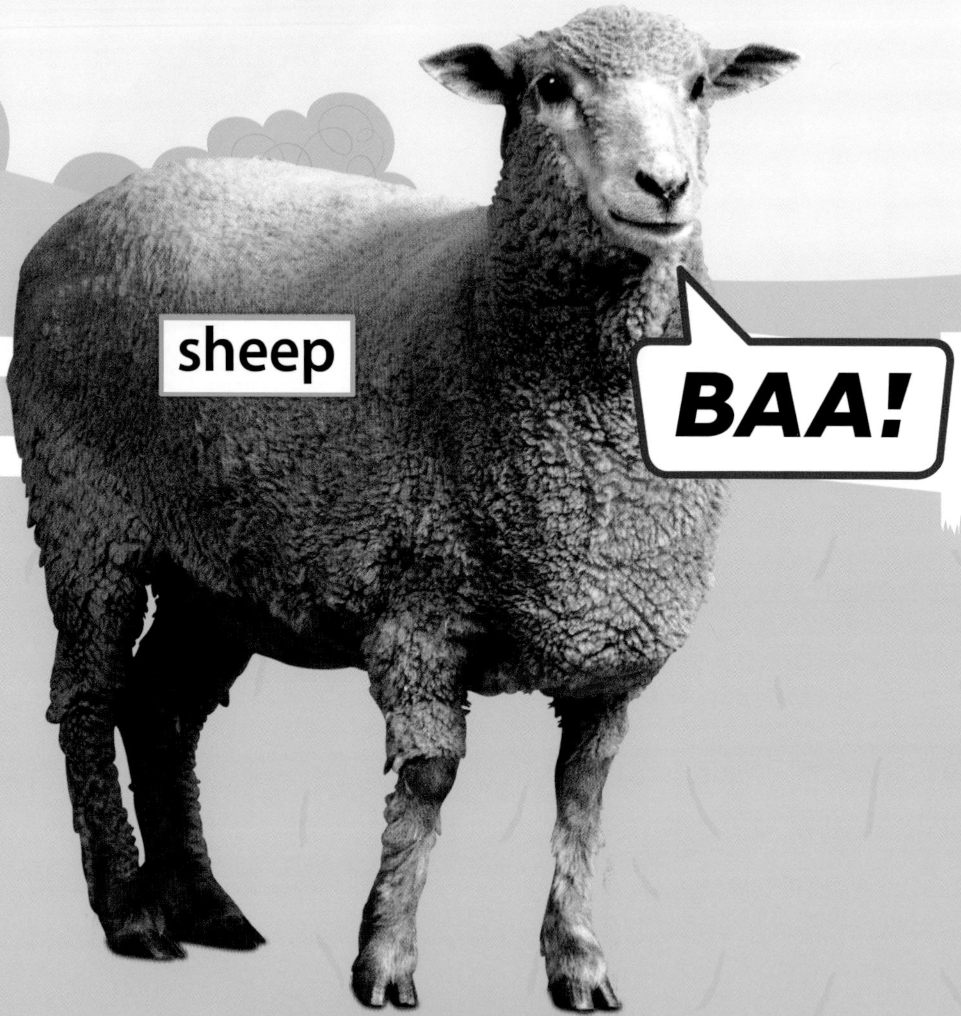

LOUD

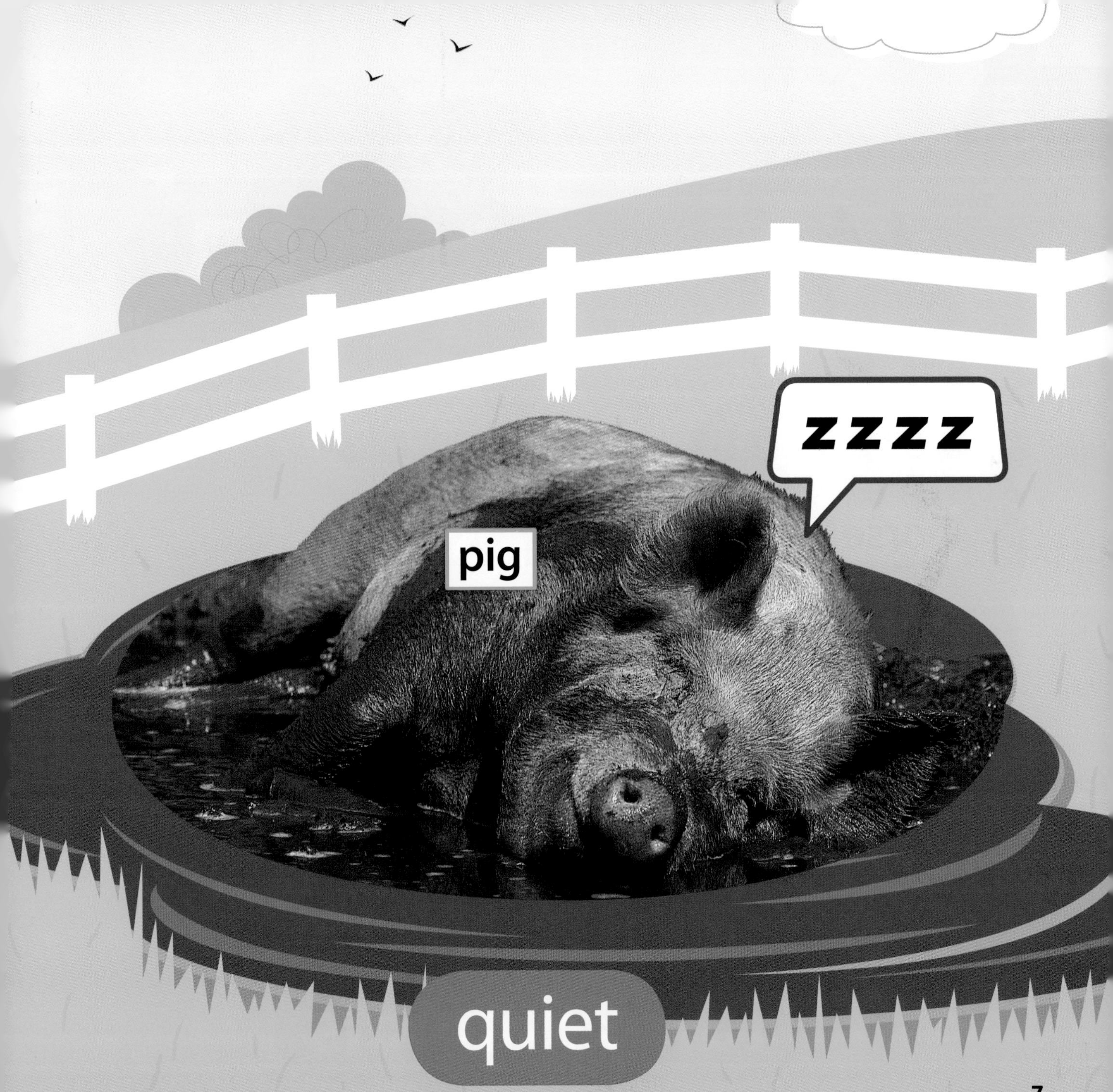

quiet

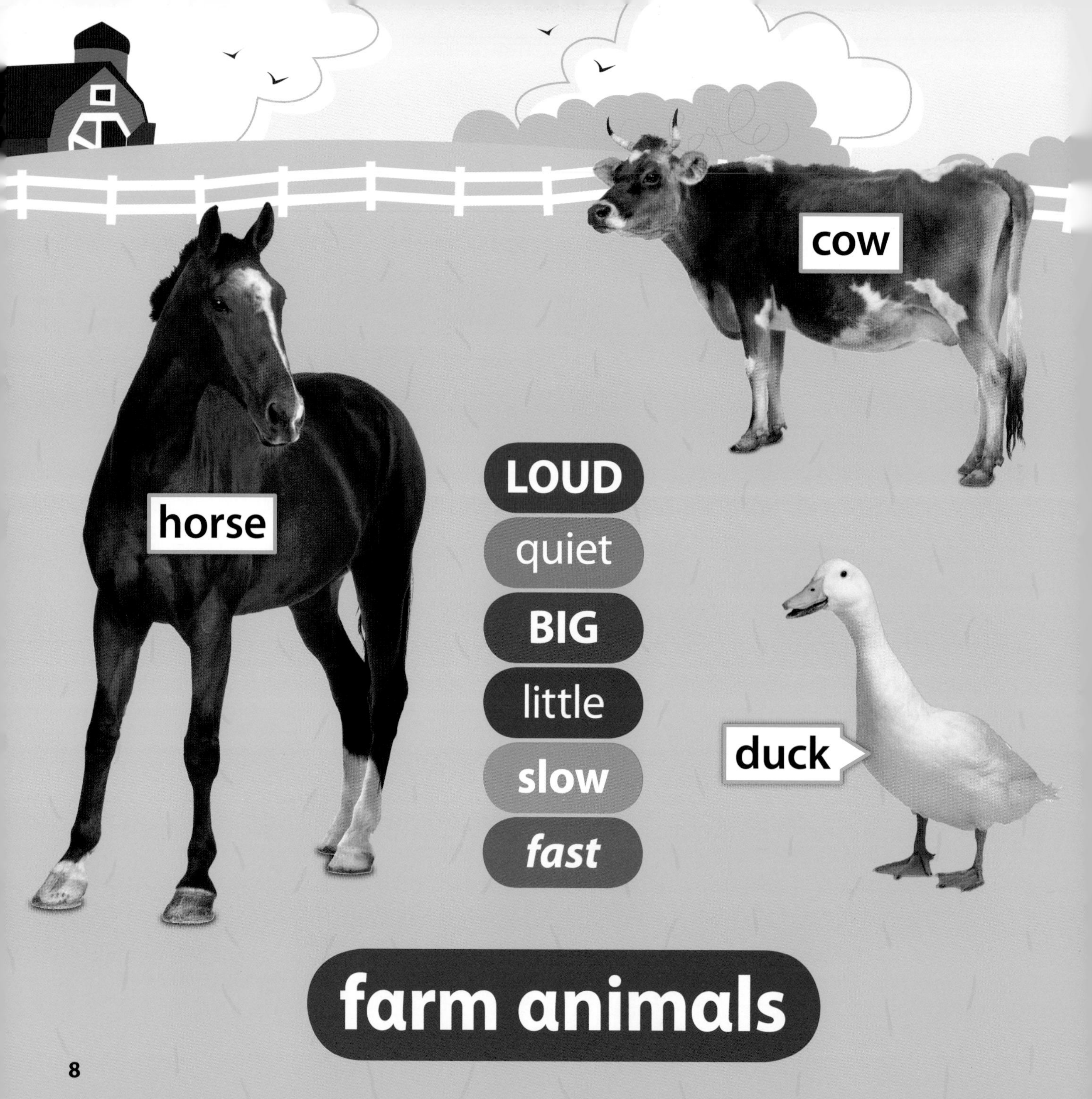
cow
horse
LOUD
quiet
BIG
little
slow
fast
duck
farm animals